AF509612

LA MALADIE DE LA FRANCE.

Discours en deux Parties.

Presenté l'an 1602. au Roy HENRY LE GRAND, PAR Mᵉ IAQVES LESCHASSIER Aduocat en Parlement.

A PARIS,

De l'Imprimerie de PIERRE DVRAND, au mont S. Hilaire, à l'image S. Sebastien, deuant le Puits-Certain.

M. DC. XVIII.

AVEC PRIVILEGE DV ROY.

LA
MALADIE DE
LA FRANCE.

PREMIERE PARTIE.

LE Royaume de France est subiect à la mesme maladie, dont il a esté autresfois comme abatu, & dont il n'est reuenu qu'apres de longs siecles, & apres vne mutation de la race Royale. C'est l'infeodation des gouuernemens, par laquelle la maison Royale se diminuë ou s'esteinct, & d'autres grandes se leuent de sa diminution ou extinction. Ià sous la seconde race des Rois de France ce Royaume est tombé en tel mal. Car hors peu de villes de Picardie, qui furent delaissées au Roy Charles le Simple pour sa part, tout le reste fust tenu en fief de sa Couronne en tous droicts Royaux, en mesme façon que Charles le Quint tenoit de la France, la Flandre &

l'Arthois, & en la façon aussi que le Duc de
Lorraine tient auiourd'huy le Duché de Barrois, qui seul est demeuré de ceste mutation
iusqu'à ce iour, tenant de la Couronne en ceste nature. Il faut cognoistre la naissance & le
progrez du mal, & puis trouuer le remede. Le
mal vient par quelques degrez: Le premier est
le pretexte qu'aucuns des plus grands pren-
nent de se mescōtenter s'ils n'ont des Gouuernemens de Prouinces, par lequel mescontent-
tement ils forcent en quelque façon les Rois
de leur en donner: puis ils y veulent des esta-
blissemens, comme ils appellent, qui est le second degré de ce mal, quand ils tiennent leurs
gouuernemens en leur main, pouruoyans aux
Capitaineries des meilleures places. Le troi-
siesme degré est l'infeodation, laquelle ils ne
peuuent obtenir que d'vn Roy foible, ou à qui
le tiltre de la Couronne est querellé. Alors ils
se liguent tous de suiure celuy des contendans
qui fait leur condition meilleure, lequel ils font
vn Roy imaginaire & dependant entierement
de leur volonté. Le danger de l'infeodation est
proche, quand non seulement ils ont leurs
gouuernemens à vie, mais encores qu'ils en ob-
tiennent des suruiuances, ou qu'à autre tiltre
quelques gouuernemens passent de pere en fils
auec quelque establissement: ce qui donne exemple & desir du semblable à tous les autres.

Ce mal est venu autres-fois de la foiblesse des
Rois, & maintenant il vient d'vne autre cause
souz vn Roy nompareil en valeur, & redouté
de ses voisins. Mais il est grandement à craindre, que ce mal soit pour esclorre à la premiere
regence & minorité, ou autre foiblesse de
Roy ou de Royaume ou la France pourra
tomber. La cause de ce mal est la Venalité des
charges publiques, qui a gaigné iusqu'aux gouuernemens. Il y a deux sortes de subiects en
tout Estat; assauoir le corps public qui est com-
posé des Magistrats, Iuges & tous Officiers qui
leur seruent: & le corps priué qui est de tous
autres subiects qui n'ont aucune function publique. Du bon reiglement qui doit estre au
corps public depend plus que de toute autre
chose la seureté de l'Estat souuerain. La plus
mauuaise qualité qui puisse estre au corps public, est la Venalité, laquelle est en celuy de
France. Car de toutes les charges publiques, les
vnes se vendent par le Roy & sont en ses parties casuelles, les autres qui n'y sont pas ne lais-
sent pas d'estre venduës des vns aux autres
auec le cõsentement ou la cõniuence du Roy.
Le mal authorisé aux charges qui sont aux parties casuelles, passe par vne necessaire consequence en celles qui n'y sont pas. Car le credit
& l'authorité qui est donné à l'or, d'achepter
l'honneur & de luy estre superieur, s'accroist

fort aisement. Si vn office de Sergent se vend
aux parties casuelles, il est impossible d'empescher qu'vne charge d'archer du Corps ne se
vende de l'vn à l'autre. Si vn office de Iuge in-
ferieur se vend aux parties casuelles, on donne-
ra recōpence de l'vn à l'autre d'vne charge de
Gouuerneur, & de toute autre charge militaire. Or ceste nature Venale des charges publiques, est ja vne espece de proprieté qui fait de-
sirer au Gouuerneur que sa charge qu'il a
payée, demeure à son fils , & qu'elle ne soit pas
perduë par sa mort, comme son argent ne le se-
roit pas, & estimer qu'il luy est fait tort s'il aduient autrement. Encores que le Roy entende
que les gouuerneurs se baillent de l'vn à l'autre
seulement le prix de la garde de leurs gouuernemens , si est-ce qu'il faut s'asseurer que l'a-
chepteur entend achepter nō la garde, mais la
viue esperance de la proprieté. Car quant à l'e-
stimation & au prix de la garde, il est deu par le
Roy au gouuerneur pour son seruice, non par
le gouuerneur au Roy ou a autre par la volōté
du Roy. Dōcques ils s'imaginent vne proprieté à retenir pour eux en leurs gouuernemens
par vn droict des gens qui veut que ce que chacun a achepté & payé, luy demeure. Si tous les
Gouuerneurs le pensent & souhaitent ainsi,
c'est vne secrette alliance qu'ils ont ensemble,
sans parler l'vn à l'autre , de l'impetrer ainsi de

leur maiſtre, ou d'en cercher & en faire vn qui le leur accorde. Ils ſont les mains & les bras du Roy, par leſquels il tient & garde ſes Prouinces & ſes places : ſans eux il reſte cõme ſeul, ayant peu de force & de mouuement.

Le ſecours des bons eſt trop foible contre ce mal, puis que la Venalité des honneurs corrompt en fin la vertu, rend la foy venale, & pour vn prix qui croiſt touſiours. Car ſi quelqu'vn pour ſa vertu a obtenu vn gouuernement, il n'eſtime pas auoir obtenu vn vray hõneur, qui eſt ineſtimable & n'a aucun prix, mais vne choſe que les autres recouurent pour de l'argent. Et outre il s'eſtimeroit ſot, ſi pour eſtre vertueux il eſtoit en la nature de ſon gouuernement de pire condition que les autres, & s'il n'auoit les deſirs & deſſeins qu'il voit communs aux autres. De ſorte qu'il faudroit qu'il euſt vne vertu extraordinaire & quaſi plus qu'humaine, ſi en ceſte apparence de croiſtre en hõneur, il ne ſouhaittoit & aſpiroit à ce que ſes enfans fuſſent vn iour Princes de ſon gouuernement. La nation Françoiſe eſt fort diſpoſee à la vertu. Car en vne ſi grande deprauation, il y a encores bon nombre de gens de bien qui ſeruent le public. Toutesfois il paroiſt manifeſtement que leur nombre & leur affection decroiſt autant que croiſt le prix de la vente des charges publiques.

Il est donc bien aysé de iuger, que ce Souuerain là met son Estat & sa vie en la puissance de l'or, qui vend ou souffre que l'on vende la garde de sa iustice, de sa bource, de ses places, de ses frontieres, de ses prouinces, de son logis, de son secret, de son espee, de son corps: lesquelles choses estans de leur nature sacrees en vn Estat, la Venalité les profane, & les ayant auilies les donne en proye à l'or, à qui on les a ja assuietties. La puissance de l'or naturelle & legitime est assez grande par tout le mõde, d'achepter les choses qui sont de leur nature Venales & de leur commãder. Que si on luy donne superiorité sur aucune des autres, il ne peut souffrir de borne & de mesure, & disposera du pouuoir de celuy qui luy veut limiter le sien. Le plus grand droict des Souuerains, est de distribuer les hõneurs, les pouuoirs & charges publiques à qui bon leur semble, & c'est par là que principalement ils regnent. Si en ce droit ils associent l'or auec eux, ils s'accompagnent d'vn plus puissant & plus grand seigneur qu'eux, qui de compagnon se fera maistre, & leur ostera la part qu'ils se pensent reseruer. Ce qui les trompe ordinairement est, que si celuy d'entr'eux qui reçoit le prix de la vente des charges publiques, sentoit quant & quant la diminution ou la perte de son authorité que vrayement il vend moyennant ce prix,

ores

eres qu'il ne le penſe pas, il ſe garderoit bien de
le faire. Mais d'autant que le predeceſſeur qui
reçoit le prix, ne fait point de ſenſible perte,
ains ſur le ſucceſſeur qui n'a pas receu le prix,
ſe faict la deliurance de la choſe vrayement
venduë, qui eſt vne partie de l'authorité ſouueraine qui paſſe du ſucceſſeur en autre main,
& ainſi par degrez ſe va du tout perdant : cela
eſt cauſe que chacun de ceux qui vend, ne
penſe pas rien perdre. Ainſi en France noſtre
Roy ſouffre la perte de ſon authorité, dont ſes
predeceſſeurs ont receu le prix. Ainſi le mal
croiſſant dans les neceſſitez preſentes par vne
plus grande charté qui ſe voit en ces marchez,
il ſeroit à craindre que Monſieur le Dauphin
trouueroit encor' plus d'authorité ja alienee
ſouz noſtre Roy, lequel Dieu nous a bien donné tel qu'il y a grande apparance que ce qu'il
ne pourra faire pour le reſtabliſſement de ſon
Eſtat, vn autre apres luy ne le fera pas. Doncques le mal preſſe la France, & requiert vn
prompt remede.

PREMIER CHEF DV
REMEDE.

LE remede à ce mal a deux parties. L'vne
eſt de tirer les gouuernemens hors du

commerce, & les rendre temporels. L'autre de
faire retourner toutes charges en tel estat,
qu'elles soient donnees à temps à personnes
choisies, & en attendant qu'vn mal si inueteré
se desracine , empescher cependant par vne
forte barriere, que la consequence des charges
publiques qui sont aux parties casuelles , ne
passe aux gouuernemens & capitaineries de
places. Pour paruenir au premier, il est besoin
que trois Estats , dont les interests sont tres-
conioincts , se rallient ensemble, à sçauoir le
Roy , la Noblesse , & les Villes : car à ces trois
Estats, vne mesme chose est tres-bonne, qui est
la conseruation de l'Estat Royal en la personne du Roy & de sa posterité , & vne mesme
chose leur est contraire, à sçauoir le desir que
quelques gouuerneurs pourroient auoir de
s'approprier de leurs gouuernemens. Le moy-
en de les rallier sera quand le Roy , apres auoir
donné à son peuple la descharge que ses affaires peuuent porter, aura à sa suite des deputez
de la Noblesse, & des villes de chacune prouince ou gouuernement pour conferer auec eux
en liberté de leur bien commun. Ce qui ne de-
roge nullement à la grandeur du Roy , pour-
ce qu'ils ne seront ses Conseillers necessaires.
Ains ce sera vn moyen asseuré de l'execution
de ce qu'il a à faire pour rendre tous les gouuernemens autant esloignez de l'Heredité,

comme on les en a iuſqu'icy approchez. Puis à
la requeſte de ces deux Eſtats, la Nobleſſe &
les Villes, le Roy retiendra aux capitaineries
des places ceux qui ja y ſont, mais en telle façon que chacun d'eux apres auoir gardé vne
place pendant vn temps que le Roy determi-
nera, le temps ſuiuant en ira garder vne autre,
& de temps en temps les remuera touſiours,
s'il ne les gratifie de quelque autre charge ou
en ſa maiſon ou entre ſes gens de guerre. Par ce
moyen ils ſerõt touſiours capitaines, mais non
pas de meſmes places. Que s'il ſemble que les
affaires du Roy ne ſouffrent pas que l'on con-
traigne les capitaines des places à cet ordre,
pour ce qu'il ne les faille pas meſcõtenter, il ſe
trouuera vn expedient qui non ſeulement leur
fera conſentir & vouloir cela, mais encor' le
leur fera deſirer & requerir, lequel moyen dependant d'vn plus long diſcours, ne peut eſtre
contenu dans la briefueté de ce memoire.
Pour les gouuernemens des prouinces & lieu-
tenances aux gouuernemens il fera le ſembla-
ble peu à peu, autãt que le moyen luy en vien-
dra par la vacation ou par la recompence d'autres charges qu'il leur pourra donner. Ceux
qui auront eſté en charge de gouuerneurs ou
de capitaines des places, ores qu'ils ne ſoyent
pour quelque temps en exercice, en auront
neantmoins les honneurs & le rang entre leurs

compagnons & par tout, à ce que leur pouuoir
soit estimé perpetuel, ores que l'exercice ne le
soit pas, estans du corps & du nombre de ceux
dont le Roy enuoyera des gouuerneurs & capitaines aux prouinces & aux places. Pour ne
pouuoir vser de ce moyen en tous, le Roy ne
doit laisser de le practiquer où il pourra de ses
places ou gouuernemens. Car les gouuerneurs qui resteront, en seront plus foibles en
leur intelligence, s'ils en vouloyent côtracter.
Il s'en fera vne loy verifiée par tout, lors que
le progrez de ce changement sera si aduancé
que l'ordōnance s'en pourra faire seurement.
Cet ordre sera vtile à l'Estat Royal, & plausi-
ble à tous ses subiects.

SECOND CHEF DV
REMEDE.

POVR le second chef du remede, il faut
faire difference du vray honneur & du
faulx, faire sourdre & croistre en France le
vray honneur politic qui oblige les hommes
au Roy, desraciner & arracher le faux qui
n'engendre aucune obligation enuers le Roy.
Il les faut deuant opposer l'vn à l'autre, & faire
comparaison des deux. Le vray honneur politic est la bonne opinion & le iugement que
l'on faict de la vertu & du merite d'vn hom-

me, le choisissant entre plusieurs pour luy fier
vn pouuoir & charge publique. Ce choix &
ceste fiance est inestimable , & est le vray prix
de la vertu. Le faux honneur est celuy qui est
donné , non au choix de la personne , mais au
choix du plus grand poids de l'or , lequel
estant honorable par tout ailleurs, est ignomi-
nieux en cet endroit. Le vray honneur donne
courage & couronne le front d'asseurance,
quand les yeux des hommes tournent vers celuy dont le public a faict vn iugement honorable. Le faux honneur oste le courage , rend
l'achepteur honteux & confus, qui demande
souuent en soy-mesme pourquoy on l'a mis
où il est. De là vient que le vray honneur oblige à vne parfaite fidelité , & donne vne crainte du reproche de trahison , qui est aussi plus
ignomineuse, plus criminelle & horrible en celuy qui est choisi gratuitement & par vn pur
honneur qu'en tout autre. Au contraire le
faux honneur fait penser à l'achepteur , qu'il
ne doit fidelité que pareille à l'obligation qu'il
a à celuy qui l'a pourueu. Aussi n'est-il fidelle
qu'autant qu'il luy est necessaire d'asseurer son
bien qu'il a en son office. S'il se presente vne
entreprise qui le luy asseure , la necessité de sa
conseruation luy est vne excuse d'infidelité.
Voire en suiuant sa seureté il n'est gueres infi-
dele. Car la fiance oblige la foy & la prouoque.

Qui vend vn office ne fuit pas la foy de l'achepteur, mais la fuffifance de fon argent. Or où il
y a moins de fiance d'vne part, il y a moins de
foy de l'autre, & partant moins d'infidelité. Et
puis que l'office eft donné à l'argent ; l'officier
eft obligé à fon bien, lequel il doit affeurer.
Que fi la conferuation de l'office le perfua-
de de fuiure vne rebellion ou faction qui par
apres foit vaincuë, il merite vn reftabliffe-
ment. L'argent que le Roy prend pour les
offices n'eft pas commodité, mais vn grand
appauuriffement. Car aux Eftats ou Republi-
ques où on n'achepte point l'honneur, le fou-
uerain feul le crée de chofes qui ne luy couftẽt
rien. Il en faict autant qu'il en a befoing, & nul
que luy n'en peut faire. Ses coffres en font tou-
fiours pleins, ils ne s'en peuuent efpuifer. Ainfi
les fages peuples ont fait feruir des fueilles d'ar-
bres ou autres telles chofes faciles à recouurer
de marques d'honneur, qu'ils ont bien fçeu
faire rechercher par les hommes de merite
auec de grands trauaux & perils, recompen-
fans des vertus magnanimes par ces honneurs
qui ne chargeoient point leurs finances. Les
Rois n'ont pas moins de moyen d'en creer,
s'ils font aduifez de l'adreffe qu'il faut tenir
pour les choifir conformes à l'efpece de leurs
Eftats, aux mœurs, aux opinions, à la maniere
de viure de leurs peuples, & s'ils fçauent leur

donner valeur, & les faire deſirer par les hommes de merite ſur toutes choſes. Alors la vertu
& la foy enuers le ſouuerain eſtans priſees &
honorees par deſſus l'or & non au deſſous, il ſe
trouue nombre d'hōmes au ſeruice de l'Eſtat
bruſlans d'vn deſir du vray honneur, qui ſous
vn pauure toiĉt & en vne vie frugale font gloi-
re de m'eſpriſer l'or des Rois voiſins. Mais aux
Eſtats où on achepte les honneurs, la recompenſe ſouhaitee des hommes de merite n'eſt
que l'or, dont la cupidité monte bien toſt à
vne quantité que le ſouuerain ne peut fournir,
& ſe peut trouuer quelque-fois de ſes voiſins
qui en peuuent donner autant ou plus que
luy, ce qui le rend pauure, la cupidité de ceux
qu'il a à recompenſer ſurpaſſant les moyens de
luy & de ſes voiſins, comme l'on voit en France, où ceſte venalité & ce prix de l'or a tant
ouuert l'appetit de pluſieurs François, que la
France & l'Eſpagne ſont deſormais trop pauures pour les contenter. Le ſouuerain qui
vend les charges publiques, diminuë encor'
ſon pouuoir. Car qui donne vn honneur, le
peut donner à tel temps & telle cōdition qu'il
luy plaiſt. Qui le vend n'a pas ceſte liberté, s'il
ne veut faire iniuſtice. D'auantage celuy qui
donne, s'il veut donner à certain temps, il a
touſiours vn obieĉt à propoſer à l'eſperance
ſans laquelles les hommes ne peuuent viure.

Car chacun de ses seruiteurs se propose qu'en bien seruant en choses moindres , il montera par degrez à charges plus grandes. Au contraire , l'homme de bien & de foy n'a rien à esperer en France. S'il a plus d'argent que les autres, il n'a que faire de plus grande fidelité que les autres , il aura pour son argent les plus grands honneurs de sa profession. Doncques le vray honneur engendre vne vraye vertu & vne vraye foy capable d'estayer & soustenir vn berceau regnant. Le faux honneur engendre vne fausse vertu & vne fausse foy capable d'escrouler & renuerser vn siege Royal ancien & puissant, ores que l'on y voye assis vn Roy le plus valeureux du monde.

Pour estouffer l'vn en France, & faire sourdre l'autre, il faut supprimer la venalité auec iustice, & introduire le choix des hommes. La suppression de la venalité par mort est iuste, mais s'il n'y a autre remede, elle encherit les offices au profit iniuste des vendeurs, qui sont les officiers vendans à beaucoup plus grand prix qu'ils n'ont achepté. Partant le bien qui vient au public par la suppression que faict le Roy, est euacué par la grand' charté qu'y mettent les vendeurs. Pour les retenir dans les termes de la iustice, il est besoin que quiconque voudra resigner son office prenne le iuste & ancien prix du Roy qui baillera l'office à vne
personne

perſonne choiſie d'entre pluſieurs pour le
meſme prix.Il eſt aiſé d'abuſer au nom du Roy
de cet expedient, prenant la plus-valeur pour
luy : ce qui ne ſera qu'aſſeurer la venalité en
France, qui monte en fin iuſques là que celuy
qui ſouffre tout eſtre vendu , eſt auſſi vendu.
Mais ſi l'on en veut bien vſer , c'eſt vn moyen
pour ſapper peu à peu la venalité des charges
publiques,qui eſt vn mal mortel à tous Eſtats,
d'autant que comme vne gangrene , il gaigne-
ra touſiours iuſqu'aux plus grandes charges,
ainſi que l'experience l'a trop monſtré,& don-
nera vn prix à l'or qui vendra l'Eſtat meſmes
en detail, ne ſe pouuant achepter en gros.

Arrachant la venalité il faut planter le
choix des hommes. Il y a en France vn denombrement de toutes les charges que le Roy
vend , & vne deſcription des autres. Mais il
faut faire auſſi vn denombrement d'hommes
choiſis de toutes les prouinces en toutes pro-
feſſions & functions grandes & petites , qui
ſoit la pepiniere dont le Roy enuoyera de lieu
en autre des hommes pour faire les charges
publiques à certain temps , touſiours hors de
leur propre patrie , leſquels s'eſtans bien por-
tez aux petites , monteront par degrez aux
plus grandes de leur profeſſion. Ceſte pepiniere ſe renouuellera perpetuellement par
ſubrogation d'hommes qui commenceront

aux petites & premieres pour monter par degrez en bien seruant. Cet ordre les rendra suf-
fisans en leurs charges, ils auront tousiours à
esperer. Leur esperance affermira leur foy.
Leur plus grand merire sera en leur foy. La
crainte de perdre leur bien en leurs offices ne
les rendra point timides ou conniuens aux en-
treprises qui se feront contre le Roy. N'estans
iamais employez, comme ils ne doiuent, aux
lieux de leur naissance, la crainte d'en estre
chassez ou le desir d'y estre maintenus par des
entrepreneurs, n'aura point de pouuoir sur
eux. Ils auront l'Estat cher, cõme leur champ
d'honneur, où ils se feront estimer : & ceste
longue liste d'inconueniens & de maux pro-
uenans de la venalité & du souuerain pouuoir
de l'or, cessera en la France, qui seule nourrit
plus de manquemens de fidelité qu'il n'y en a
au reste de l'Europe, pour-ce que seule elle a
donné ce pouuoir à l'or d'estre maistre & superieur de l'honneur, puis qu'il l'acquiert &
l'achepte. Aussi est-ce en recompense vne
grande recommandation des François, que la
France n'ayant plus de vray honneur à donner, trouue encor' de la vraye vertu qui la ser-
ue. Toutesfois le mal estant venu à ce degré
auquel il est, il n'y a plus de raison de s'y fier
d'auantage.

ASSAVOIR SI LE PREMIER
CHEF DE CE REMEDE
suffit sans le second.

MAIS d'autant que l'on pourroit penser que pour conseruer la France, le premier remede suffise sans le second, c'est à dire, qu'il suffise de retirer les gouuernemens hors du commerce & les rendre temporels, & que le Roy puisse laisser les offices qui n'ont point d'eguillon en la venalité en laquelle ils sont, pour le profit qu'il en tire : parauenture ce moyen là requiert trop de solicitude, est d'vne trop grande & fascheuse garde, & a trop peu de seureté pour conseruer l'Estat en la posterité du Prince qui en vse. Car la puissance de l'or est telle, que malgré les hommes il portera la consequence & contagion de venalité, resignation, suruiuance, heredité des petites charges aux grandes, des charges non militaires aux pouuoirs militaires gardiens des places & des prouinces, & de proche en proche en fera vn droict general. Vne pareille consequence feit la mutation qui aduint souz la seconde race de nos Rois. Alors la milice & les forces du Royaume consistoyent en la iouïssance des fiefs que l'on bailloit aux gendarmes au lieu de folde , & eftoit cefte iouïffance muable au commencement à la volonté du bailleur , puis à la vie du gendarme. La foy & hommage des vaffaux d'auiourd'huy eftoit alors le ferment militaire des gendarmes. Les Iuges & gouuerneurs de chacune ville , que l'on appelloit Comtes, auoyent en leurs compagnies & menoyent à la guerre les vaffaux de leurs gouuernemens. Les Roys rendirent ces fiefs ou places de gendarmes hereditaires de pere en fils, non pas gratuitement, mais pour vn droict qui fe payoit à chaque mutation, comme il en refte encor' des marques auiourd'huy : & cefte fucceffion de pere en fils fembloit alors vn droict plaufible & fauorable. Les places de gendarmes eftans renduës hereditaires , les Comtes qui eftoient les capitaines , pretendirent qu'on leur faifoit grand tort , fi ce droit ne leur eftoit communiqué , & fe l'attribuans vfurperent quant & quant les droits Royaux & fouuerains en leurs gouuernemens pour vn feul hommage qu'ils en rendirent au Roy. Cefte confequence d'alors doit feruir d'exemple pour en éuiter vne femblable qui fe prefente en nos iours. Et d'auantage pour fe contenter du premier remede,il faudroit que le Prince fuft affeuré de n'auoir iamais autre guerre que celle qu'il voudra faire,& lors qu'il la voudra faire. Car l'occafion aux gouuerneurs de

paſſer à ceſte conſequence de proprieté apres
tant de ſecouſſes pareilles à celles que ce Royaume a ſouffertes , eſt vne guerre ciuile où
eſtrangere qui ſe face en partie à leur volonté.
Alors ſe trouuans armez & neceſſaires ils donnent la loy à qui la leur doit donner , transfor-
ment leur ſerment de gouuerneurs en ſerment
de vaſſaux, & forcent le Prince affoibli de leur
delaiſſer à tout le moins pour de l'argent ſes
droits Royaux , qu'ils ont premierement oc-
cupez , comme l'Empereur d'Allemagne a
vendu les ſiens en diuers endroicts. Huict ans
de guerre feirent le meſme changement qui
aduint ſouz la ſeconde race de nos Roys, qui
couſta au Royaume premierement vne mutation de la race Royale, laquelle les gouuerneurs ſont neceſſitez de procurer, à ce que la
nouuelle race ne ſe puiſſe plaindre que l'on ait
rien vſurpé ſur elle , & qu'elle ait raiſon de ſe
contenter d'vne Couronne telle qu'on la luy
veut donner. Puis ceſte mutation couſta au
Royaume cinq cens ans de patience , auant
qu'il ait peu reduire à ſon corps les pieces qui
en eſtoient demembrees, dont le Barrois reſte
encor à reduire, outre la Flandres & l'Arthois,
dont l'hommage eſt perdu. Si la guerre eſt vne
occaſion & vne ouuerture à ceſte conſequence d'heredité aux gouuernements, cet Eſtat là
doit eſtre bien foible , qui faiſant la guerre n'a

point de seureté dedans soy : car il n'y a rien qui donne tant de hardiesse à vn ennemi d'entreprendre, que s'il voit qu'il est dangereux à son voisin de se defendre. Et quand bien la France sera defenduë par le Roy dans tous ces inconueniens, comme elle le sera, luy estant assisté de Dieu, ainsi qu'il a tousiours esté : si estce qu'il ne le faudra attribuer qu'à ceste heroïque vertu que Dieu luy a donnee. Mais pour la seureté & la duree d'vn Estat, vn ordre est requis qui le rende capable d'estre defendu par vne prudence & valeur commune. Meilleure encor' est cet ordre, s'il peut soustenir vne minorité ou vn berceau regnant, quand il aduient. Outre cela ce remede seul de rendre les gouuernemens temporels sans le second remede, mal-aisément pourroit-il durer. Car aux conseils des Rois leurs seruiteurs & fauorits ont grand pouuoir. Ce sont eux qui recueillent les bien-faits de leurs maistres, & qui sont gratifiez des gouuernemens, des places & prouinces. Ils n'ont pas tous, ny tousiours vne si parfaite vertu, qu'ils ne souhaitent ces gouuernemens là en la meilleure nature & condition pour eux qu'ils la peuuent impetrer, & ceste meilleure condition pour eux est la pire pour leur maistre, ou pour son successeur. Or tels qu'ils desirent les gouuernemens pour eux, tels faut-il qu'ils conseillent leurs maistres

de les dōner aux autres. Cet ordre donc estant
si tresle , il ne se faut pas fier à luy seul. Brief,
nous pouuons apprendre des registres des
Roys & des Royaumes, qui font les escrits des
bons historiens , qu'il est necessaire d'vne necessité autant absoluë qu'elle se peut trouuer
aux affaires humaines , qu'en tel cas l'vne de
deux choses aduienne, ou que la souueraineté
face mourir la venalité des charges publiques,
ou que leur venalité meine à la mort la souueraineté : & particulierement en France nous
cognoissons à veuë d'œil , qu'autant que l'or
regne, autant le Roy regne moins; autant que
croist le pouuoir de l'or, autant celuy du Roy
diminuë; & de ces deux Roys ou souuerains
en vne mesme souueraineté, l'vn sans cesse mine & mange l'autorité de l'autre. Partant il est
meilleur & plus seur de pratiquer les deux re-
medes ensemble que i'ay deduits , que le premier seulement : & plus encor' à vn Roy lequel ayant posterité née, doit esperer d'estre la
tige d'vne longue ligne de Roys , qu'à vn qui
n'en ayant point se contente quelque-fois de
iouyr d'vn profit present , laissant le soin de
l'aduenir à ceux qui s'y trouueront.

LE MOYEN DE RENDRE
EN FRANCE LES GOVVER-
nemens temporels du confentement
des Gouuerneurs.

SECONDE PARTIE.

I'AY dict au difcours de la Maladie de la France, qu'il y a vn moy-
en de rendre en France les capitaineries & gouuernemens des
places ou prouinces temporels,
& les faire feruir par tour du confentement &
à la requifition de ceux qui les tiennent. I'ay
dit auffi que ce moyen depend d'vn difcours
plus long, ce que l'on ne doibt trouuer eftran-
ge, d'autant que fi vn tel moyen euft peu faci-
lement tomber en l'efprit des hommes, le feu
Roy qui l'a tant defiré, en euft efté ferui. Ie le
veux maintenant deduire le plus briefuement
que ie pourray.

Ceux qui feruent les Princes fouuerains fe
propofent deux fins, l'vne de croiftre en honneur & l'autre de croiftre en biens. Ces deux
fins font ordinairement conioinctes, pour-ce
qu'on ne voit guere d'honneurs & de pouuoirs publics qui ne foient accompagnés de
quelque

quelque commodité : mais plus vne de ces
deux recompenses a de pouuoir sur les hommes, moins l'autre est recherchee. Quand les
mœurs sont bonnes , le principal but de ceux
qui seruent est l'honneur, & lors l'Estat florit
& se fortifie : quand les mœurs sont mauuai-
ses, l'or ou le profit commande aux hommes
plus que l'honneur , & lors l'Estat s'abaisse &
s'affoiblit. L'vne & l'autre recompense est en
la main des Souuerains: mais ces Souuerains là
qui gouuernent leurs Estats auec plus de sim-
plicité, ne cognoissent guere que la recompense de l'or, non plus que les peres de famille
qui se font seruir en payant de leur reuenu
leurs seruiteurs. La Republique a encor ce
que la famille n'a pas , le pouuoir de donner
l'honneur pour solde & recompense laquelle
n'est pas tant exposee à la cognoissance des
hommes. Car la terre ne la produict pas comme elle produict ses fruicts dont les tribus se
payent : aussi n'est-elle pas enfermee dans le
ventre des montagnes comme les mines d'or
ou d'argent : ains elle est enclose & recelee
dans le ventre de la puissance Souueraine,
dont les hommes politiques la font esclorre en
s'aidant de l'imitation des Estats qui s'en font
seruis.

Pour en faire quelque monstre, il fault di-
stinguer les diuerses sortes d'honneur qui sont

principalement trois. En ſa plus ordinaire &
commune ſignification il ſignifie les pouuoirs
& charges publiques que le Souuerain donne
à qui il luy plaiſt. Secondement il ſignifie entre les côditions ou diuers ordres des ſubiects
ceux qui ſont les premiers & plus honorables,
comme la Nobleſſe a vn honneur par-deſſus
l'Eſtat commun & populaire. Aux païs auſſi
gouuernés auec plus de ſoing il y a pluſieurs
degrés de peuple, pluſieurs degrés auſſi de Nobleſſe. En France il y a eu autrefois quelques
differences, il y en a encores auiourd'huy.
Autrefois, outre les Cheualiers des ordres in-
ſtitués par les Roys de Frâce & les Cheualiers
de l'accollade dont l'honneur ſe donnoit auec
tant de ceremonies, & qui eſt encor tant eſti-
mé par quelques eſtrangers, il y auoit apres les
premiers Barons du Royaume, des cheualiers
portans banniere compoſee de leurs vaſſaux à
la ſolde du Roy, d'autres cheualiers marchans
ſoubs la banniere d'autruy, & le dernier tiltre
de Nobleſſe eſtoit des ſimples Eſcuyers. Au-
jourd'huy il y a vne autre difference & d'autres degrés entre les Gentils-hommes par les
dignités & tiltres feodaux, comme de Ducs,
Marquis, Comtes, Barons & autres. Ces exem-
ples d'honneurs en petit nombre manifeſtent
aſſés qu'il y en a d'autres en grand nombre qui
peuuent eſtre excogités par l'eſprit des hom-

mes, & creés par la puiſſance ſouueraine. La
troiſieſme ſorte d'honneur comprend les ornemens & marques exterieures attribuées à
certaines perſonnes ou à leur race, pour reco-
gnoiſſance de ſeruices recommandables. Tels
ſont les chapeaux ou courônes, les bandeaux,
les colliers, les bracelets, les habits certains qui
les diſtinguent d'auec les autres, & autres ornemens de leur corps ; les armoiries, les tim-
bres, les trophees, les ornemens triomphans,
les ſtatuës, les ſurnoms honorables, les tom-
beaux ordonnés par authorité publique , &
tant d'autres marques dont en diuers lieux la
ſageſſe politique s'eſt aidee pour honorer les
vns, & allumer en tous les autres vn deſir de
les imiter. Les anciens ſe ſont plus ſeruis de
ceſte ſorte d'honneur, & en ont accreu & eſle-
ué leurs Eſtats. Quelques marques en reſtent
en ce ſiecle ſterile de telles recompenſes. Les
couronnes & chapeaux dont il y a eu de tant
de ſortes pour la recompenſe de diuers hommes & ſeruices, ſont reduites aux couronnes
& chapeaux que l'on voit aux armes ou eſcus
des Ducs, Marquis ou Comtes. Les colliers
qui ſeruoient autrefois à tant d'vſages, ſont re-
duits aux ordres & fraternités des cheualiers,
que les Souuerains ont dreſſés. Les bracelets
ne ſont plus que faueurs de dames. La iartiere
ſert encore à l'ordre d'Angleterre. Les ſtatues

ne font plus que des ornemens volontaires de grandes maiſons pour conſeruer ſur leurs por-taus la memoire de leurs hommes illuſtres. Les ſurnoms ſont donnés à quelque races par fortune, ou couſtume en faueur de quelques actes valeureux, comme en la maiſon d'Anglure où ils ſont ſurnommés Saladins. Il n'y a point en la mine de l'or de vene plus feconde & abondante que celle là. Car qui voudra re-cueillir tels honneurs dont on s'eſt ſerui en di-uers lieux & en diuers temps, & les rapporter & accommoder à l'vſage & aux opinions de ce temps, trouuera ceſte ſource ineſpuiſable & ſuffiſante pour ſeruir à pluſieurs grands ef-fects.

Ces trois eſpeces d'honneurs, qui ſont la premiere des pouuoirs publics, la ſeconde des degrés de nobleſſe ou autre condition, la troi-ſieſme des ornemens exterieurs, ſont toutes en la puiſſance du Souuerain, qui les crée & puis les diſtribuë: & pardeſſus cela il peut en-cor reformer le mal qui ſeroit en l'vne des trois par le ſecours des deux autres. Pour ex-emple, ſi la diſtribution des pouuoirs publics qui ſont la premiere eſpece de ces honneurs eſt deuenuë vicieuſe & preiudiciable à ſon Eſtat, comme eſt en France l'vſage des gou-uernemens perpetuels, le ſouuerain peut l'a-mander & corriger, faiſant ſeruir les deux au-

tres especes d'honneurs à rendre les gouuernemens temporels du consentement de ceux
qui les tiennent. Pour cela il est besoing com-
mencer par les gouuernemens des places ou
petites prouinces pour monter iusques aux
plus grands par degrés. Le Roy peut par sa faueur choisir quatre Capitaines de places ou
Gouuerneurs de petites prouinces qui seront
contens de le seruir en leurs gouuernemens
par tour , de telle façon que d'an en an il les
changera & remuera de lieu en autre en leur
quatre gouuernemens. Le choix de ces quatre sera le fondement de ceste mutation. Car
ou le Roy peut donner tant d'honneur des
deux autres especes que i'ay dites, à ces quatre
gouuerneurs temporels , que les gouuerneurs
à vie desirans y auoir part , veuillent apporter
leurs gouuernemens à ses pieds pour estre seruis par eux auec les autres successiuement &
par tour : ou le Roy n'a point ce pouuoir.Si le
Roy le peut, cét aduis est bon : & ce ne sera
plus la faute de la chose , ains des hommes s'ils
ne sçauent pas bien reconnoistre dans la puissance Royalle , l'honneur dont elle est grosse
pour l'en faire acoucher. Si le Roy n'a ce pouuoir, l'aduis est vain.Mais qui y prendra garde,
trouuera la puissance souueraine plus seconde
és deux dernieres sortes d'honneur que i'ay
dites, qu'il n'est besoing pour cela. Premiere-

ment dans la seconde espece il y trouuera des degrés de noblesse dont le Roy peut gratifier ceux qui le seruent à sa volonté, & particulierement ceux qui voudront garder les places & prouinces successiuement & par tour. Or il n'y a rien en quoy les François soient plus sensibles qu'en leur noblesse & au ranc de leur maison, ni prise aucune sur eux qui les puisse rendre plus obeissans, ployans & suiuans la part où on les voudra mener pour vne cause raisonnable. Il faut donc reconnoistre ceste espece d'honneur & la conuertir à cét vsage.

Il y a par tout le monde vne noblesse qui est engendrée de la richesse ancienne, & de la nourriture gentille qui la suit. Mais hors celle-là, il y en a vne autre que les Souuerains qui se conduisent auec plus de prudence politique, donnent à ceux qui font meilleur seruice au public, preferant non seulement les personnes qui ont tenu vn Magistrat à d'autres en l'ordre de seoir & de marcher, mais encor leurs races aux races des autres : & ceste sorte de noblesse est celle que les Romains grands maistres d'Estat ont principalement cogneuë. Qui voudra faire comparaison de ces deux sortes de noblesse, trouuera la seconde meriter plus de ranc que la premiere. Car la richesse n'est profitable qu'à ceux qui la possedent, le merite & le seruice des personnes publiques est vn

bien commun à la societé des hommes. La richesse a besoin d'estre conseruee par la prudence publique, les personnes publiques main-
tiennent l'honneur aux riches , la liberté au
peuple, les biens & le repos à tous. L'vsage de
la seconde est encor de plus grand seruice &
commodité pour les souuerains, que de la premiere. Car la premiere noblesse n'est pas vn
don des souuerains , non plus que la richesse
qui l'engendre : ains le mesme droit des gens
qui a introduict la proprieté des biens & la
succession des enfans aux biens des peres , acquiert encor par succession de temps ceste noblesse. Mais de la seconde noblesse qui vient
d'auoir serui le public , l'on est redeuable aux
souuerains ausquels il appartient de deferer
les pouuoirs publics. L'vsage donc de ceste
sorte de noblesse met en la main des souuerains vn moyen fort & puissant pour obliger
leur suiects à les seruir : & à faute de le pratiquer ils se priuent eux-mesmes d'vne grande
authorité qui leur est vtile pour la conduite
de leur Estat. Ceste vene en la mine de l'honneur est encor d'autant plus feconde qu'elle
faict en ceste seconde noblesse plusieurs degrés & differences. Car la premiere noblesse ne
reconnoist autres degrés que ceux que la
courtoisie veut deferer, ce qu'elle accorde or-
dinairemēt à ceux qui font plus grand despen-

ce. Mais la seconde noblesse faict autant d'especes differentes qu'il y a de degrés aux pouuoirs & dignités publiques dont elle est deriuee. En France la posterité de celuy qui aura conquis vne prouince ou gaigné des batailles, n'a point de rang necessaire que la loy ou coustume luy attribuë, ains elle n'a que celuy que la courtoisie, qui est volontaire, est contente de luy accorder. Ceste confusion de rancs en la noblesse de France est semblable à vne nuict qui tient en mesme ranc l'honneur & la honte, le merite & demerite. Comme aux armées les capitaines qui les conduisent, fuyent tant qu'ils peuuent les combats de la nuict, pource qu'elle n'a ni honneur ni honte ; ainsi en l'Estat le souuerain doit euiter ceste confusion des ordres & conditions de ses subiects, desquelles quand il faict plus de degrés & de distinctions, il se crée luy mesme plus de matiere d'honneur & de recompenses à donner à ceux qui le seruent, & plus de moyen aussi de se faire seruir en la façon qu'il iuge la meilleure.

Pour gratifier les trois ou quatre gouuerneurs temporels, que le Roy aura choisis & reduis à seruir par tour, & pour prouoquer par leur exemple les autres à prendre leur condition, il faut introduire quelques degrés de noblesse pour eux & leurs races. Ce doit estre soubs des noms tels que les oreilles des Fran-

çois

çois y ſoient ja accouſtumees. Car c'eſt ſoubs
des noms ja vſitez que l'on introduit mieux les
changemens que l'on doit faire. Les noms
d'honneur qui ſont ja en vſage en la nobleſſe
de France, ſont ou de Cheualiers ou de tiltres
feodaux, qui ſont les Ducs, Marquis, Comtes,
Barons. Ie parleray des derniers deſquels j'eſtime que l'on ſe peut ſeruir, en reformant le vi-
cieux vſage qui ja y eſt recognu par les Cours
du Royaume. Par l'erection des terres en ces
tiltres, ni l'intention du Roy qui donne l'honneur, ni celles du ſeruiteur qui le reçoit, n'eſt
effectuées. Leur intention commune eſt, que
le ſeruiteur & ſa poſterité ait vn ranc qui le ſe-
pare du corps de la nobleſſe. Mais le tiltre eſtāt
donné à la terre, non au ſang, il auient double
incommodité. Car d'vne part les deſpences
honorables & neceſſaires qu'il conuient faire à
ceux qui ont ces tiltres, font vendre & paſſer
les terres en mains telles que le Roy n'euſt iamais voulu honorer de ces tiltres : & d'autre
part le ſang que le Roy a voulu honorer ayant
perdu ſon ranc auec ſa terre, il pert auſſi le
moyen de ſe ſouſtenir en biens par mariages de
femmes de moindre ranc & de plus de biens:
ce qui eſt le principal fruict & le ſouſtien de la
Nobleſſe qui a vn ranc priuilegié, comme l'on
voit aux races & maiſons des Princes. Le Roy
reformant ce mal peut tourner ceſte reforma-

E

tion en vne occasion de son seruice. Puis que
ces tiltres de telles dignitez sont communs en
toute l'Europe, il faut emprunter des voisins
vn meilleur vsage d'iceux. S'il plaist au Roy les
donner au sang, comme en Angleterre, ils seront inalienables, & soustiendront par mariages d'heritiers la posterité qui en aura besoing.
S'il les communique à toute la posterité mas-
culine, comme en Allemagne, ils seront le sou-
stien des puisnés qui en ont plus de besoing que
les aisnés, les appuyans par les riches mariages
qui vont ordinairement trouuer les maris qui
ont des dignitez plus nobles & les rancs plus
grands, ores qu'ils ayent moins de biens. S'il
leur veut donner vn tiltre de terre, dont ils se
disent Marquis ou Comtes, on peut imiter l'v-
sage d'Angleterre, où on leur donne tiltre de
prouinces grandes & anciennes, où ils n'ont
neantmoins ni biens ni autorité. S'il veut leur
donner ces tiltres & ce ranc de Marquis ou
Comtes, ou autres tels tiltres sans le nom d'aucune terre, il peut prendre l'exemple des Romains, desquels est descendu l'vsage de ces tiltres iusques à nous. Il suffit seulement que ces
dignitez de sang ayent vn ranc par-dessus les
autres, & vn nom pour les races qui en vien-
dront, lesquelles on appellera Ducales, Mar-
quisales & Comtales. L'honneur que le Roy
leur aura donné sera suiui des biens qui vien-

dront à ces races ſans aucune charge du Roy,
par les mariages des femmes riches qui ne ce-
dent point aux hômes en l'ambition du ranc.
Alors l'honneur aura le premier lieu en la cupidité des hommes, & l'or le ſuiura : au lieu
qu'en vn Eſtat depraué l'or eſt le premier deſi-
ré, ſans que l'on deſire autre honneur que celuy qui prouient de l'or. Les querelles ne ſerõt
non plus en Frãce pour ces rancs, qu'elles ſont
en Angleterre par le reiglement qui y eſt faict.
Les races les premieres venuës ne pourrout tenir la porte fermee aux autres, quand le fils
d'vn homme qui aura acquis ce tiltre à ſa race
precedera le petit fils d'vn autre; & en general
le plus proche en degré en vne race, precedera
le plus eſloigné en vne autre ; ſauf qu'entre
ceux qui feront en pareil degré, celuy qui com-
ptera plus de maieurs ayans faict pareil ſeruice,
aura la precedence. Le Roy ne changeant rien
pour les Gouuerneurs à vie, & donnant l'honneur de ces tiltres & du ranc aux gouuerneurs
temporels, ils aduiendra que les Gouuerneurs
à vie deſireront à leurs races cet honneur legitime, aſſeuré, inalienable auec la ſuite des ri-
cheſſes par mariages. Et pour l'acquerir appor-
teront aux pieds du Roy leurs gouuernemens
pour eſtre ſeruis par tour, & leurs perſonnes
auſſi pour ſeruir par tour à ces gouuernemens
pour la ſolde d'vn honneur ſi precieux. Com-

me il y a plusieurs differences de gouuernemens en France, aussi y aura-il de ces tiltres &
degrés de Noblesse pour fournir à toutes sortes de gouuernemens, en commençant par les
petits, & finissant par les plus grands. Adue-
nant la mort de l'vn d'eux, le Roy mettra en
son lieu celuy qu'il voudra choisir entre tous
ses suiets, qui par son seruice acquerra ceste
Noblesse à sa posterité, si ja elle ne s'y trouue
acquise.

L'honneur aura d'autant plus de force sur
leurs esprits, quand l'vsage du ranc qui leur sera donné sera plus ordinaire, & fera vne compagnie perpetuelle aux hommes qui en seront
honorez. Car ceste distinction des rancs &
leur frequent vsage a ceste force d'engendrer
en l'ame vne douleur d'estre vaincu ou surpas-
sé, ceste douleur vne emulation de vaincre, &
l'emulation vn desir d'acquerir le merite qui
est couronné de ceste preference. Ainsi se faict
vne foule & vne presse de gens qui courent à
seruir le Souuerain en la façon qu'il desire, puis
qu'il est seul iuge de leur merite & distributeur
du bien auquel ils aspirent. Les animaux se có-
duisent par leurs passions, & les hommes par la
raison. L'emulation est la plus forte passion
qui commande aux animaux seruans l'homme
en compagnie. On voit aux chiens & aux che-
uaux quels efforts elle leur fait rendre. Quand

elle est excitée entre les hommes, elle n'est pas
moins violente sur eux : car ils pensent bien
que ce leur soit vne raison suffisante en la conduite de leur vie, que le contentement de ceste passion. L'experience monstre cela au peuple des villes de France. La Venalité des Offices en a causé le grand nombre que l'on y voit,
d'autant qu'il est mal-aisé au Souuerain de re-
fuser l'argent que l'on se haste de luy donner
pour créer de nouueaux Offices. C'a esté vice
aux premiers d'achepter les Offices; ce vice est
tourné en coustume, & la coustume en necessité, puis que c'est auiourd'huy imprudence à
qui le peut de n'en achepter pas. C'est d'autant
que le nombre des Offices a fait vne grande va-
rieté & distinction de rancs, que les hommes
& les femmes vont à l'enui acheptans, fondans
tout autre bien pour le transformer en celuy-
là. Si au peuple ceste passion fait tant de vio-
lence, que fera-ce en la Noblesse, si elle y est
vne fois allumée. Ce desir est naturel en l'homme d'accroistre la condition de soy & des siens
& la rendre meilleure selon l'ordre de l'Estat
sous lequel il est né. Les Souuerains par non-
chalance peuuent laisser alentir ce feu, ne s'ai-
dans pas de ce gouuernail qu'ils ont entre leurs
mains. Mais le sage politic nourrit ce feu naturel, l'excite & l'enflamme, en le tournant à
l'vsage & au seruice de l'Estat. Pour l'eschauf-

fer dauantage on peut accompagner ces degrés de nobleſſe attribuez aux gouuerneurs
ſeruans par tour, des honneurs de la troiſieſme eſpece, comme de rendre les plus grandes
compagnies du Royaume conſeruatrices de
la memoire de ces races, faiſans regiſtrer ſolen-
nellement la naiſſance, les mariages, les morts
de ceux qui en ſeront, & d'autres honneurs
exterieurs de ceſte meſme eſpece , dont la mine eſtant ſi riche & plus facile à fouiller , ie ſe-
rois peut eſtre trop long de reciter les auanta-
ges qui s'en peuuent retirer & employer à ce
ſuiet.

Il ſuffit que la mine de l'or dont quelques
Princes s'aident n'eſt nullement comparable
en bonté à la mine de l'honneur , ſi on la ſçait
fouiller & s'en ſeruir. Car les Roys ont la matiere de l'honneur en leur puiſſance , & n'en
peuuent iamais eſtre pauures: bien le peuuent-
ils eſtre de la matiere de l'or , qui n'eſt pas tant
en leur pouuoir , comme eſt la marque de leur
monnoye. Dauantage la mine de l'or eſtant eſ-
puiſee ne recroiſt plus: mais l'honneur eſtant
diminué de valeur pour diuerſes cauſes, ou en
peut ſubroger vn autre en ſa place , que l'on
prefere à celuy-là. Ainſi l'ordre de l'Eſtoile,
qui eſtoit celuy des Rois de France, eſtant vſé,
ils ont dreſſé celuy de ſainct Michel; & apres
celuy-là, celuy du ſainct Eſprit. La banniere

de l'or estant seule proposee aux hommes, les
rend seruiteurs de l'or de quelque part qu'il
vienne. La banniere de l'honneur les fait suiure
ceste vertu ou ce merite, à qui le Souuerain
propose la couronne d'hōneur. L'homme qui
suit la banniere de l'or, est bien plus propre
pour vendre son maistre, que pour luy accroistre son honneur ou deliurer son Estat d'vn
grand danger. Au contraire la banniere de
l'honneur dresse à la foy enuers le Souuerain,
les peuples neufs qui sont encor en leur enfan-
ce: & quand aux peuples vieils ja corrompus
& deprauez, elle les peut ramener de la deprauation, les refondre & rajeunir, & les remettre
au chemin de la fidelité: ce qui peut empef-
cher que les Estats ne meurent necessairement
comme les hommes ausquels le principe de
vie est du tout irreparable. Partant le plus affeuré remede au mal qui trauaille la France, &
la menace de pis, est en la proposition des degrés de Noblesse dont j'ay parlay, à ceux qui
seruiront le Roy fidelement: & ce remede est
plein de iustice, & desirable en commun, tant
au Roy qu'à ses seruiteurs. Car bien-heureux
sont les seruiteurs d'vn Souuerain, qui pour
leur seruice acquierent non seulement quelque honneur ou commodité à leurs personnes, mais encor' vne dignité naturelle à leur
sang & à leur posterité: bien-heureux aussi est

le Souuerain de qui les feruiteurs font prouo-
quez à la fidelité par l'acqueſt d'vn ſi riche
loyer, & diuertis de l'infidelité par la perte
d'vn tel honneur.

F I N.

Extraict du Priuilege du Roy.

PAr grace & Priuilege du Roy, il eſt per-
mis à PIERRE DVRAND Maiſtre Impri-
meur à Paris, d'imprimer, vendre & debiter par
tous nos Royaumes, terres & ſeigneuries, pendant l'eſpace de ſix ans, vn petit liuret intitulé,
La Maladie de la France, *Diſcours en deux Parties*,
preſenté l'an 1602. *au Roy* HENRY LE GRAND,
par Mᶜ IAQVES LESCHASSIER *Aduocat en Parlement*: Faiſant defences à tous Libraires & Im-
primeurs, de quelque qualité qu'ils ſoient, ou
puiſſent eſtre, d'imprimer ou faire imprimer,
vendre & debiter ledict liuret, pendant leſdicts
ſix ans, ſans le conſentement dudict expoſant,
à peine de confiſcation des exemplaires, & de
deux cents liures d'amende, comme plus am-
plement il eſt porté par ledict Priuilege. Donné à Paris le 15 Decembre 1617.

Par le Conſeil.

Signé, DE HVMERY.